Inhalt

Trennungskultur in deutschen Unternehmen

Kernthesen

Beitrag

Fallbeispiele

Weiterführende Literatur

Impressum

Trennungskultur in deutschen Unternehmen

M.Rinkenburger

Kernthesen

- In vielen deutschen Unternehmen finden derzeit Entlassungen in großem Umfang statt. Den Führungskräften fehlt es aber meistens an der nötigen Sensibilität und dem Verantwortungsbewusstsein im Zusammenhang mit den Kündigungsgesprächen. (2), (3), (5)
- Im Zuge der Restrukturierungen und Massenentlassungen werden jene Mitarbeiter die im Unternehmen bleiben meistens außer Acht gelassen. Eine mangelhafte und versteckte

Kommunikation führt dann dazu, dass auch deren Produktivität oftmals nachlässt, da sie befürchten, der nächste auf der Kündigungsliste zu sein. (1), (2), (4)
- Erst langsam erkennen Unternehmen, dass ein professionelles und kontinuierliches Trennungsmanagement ebenso wichtig für ein Unternehmen ist, wie ein stetiges Personalmarketing und eine langfristige Einstellungspolitik. (2)

Beitrag

Aktuelle Situation im Umgang mit Kündigungen

Eine fehlende Informations- und Kommunikationspolitik führt oftmals dazu, dass jene Führungskräfte, die Mitarbeitern kündigen müssen, erst kurzfristig darüber informiert werden. Meistens müssen diese Kündigungen dann zeitnah ausgesprochen werden. Viele Führungskräfte fühlen sich mit dieser Situation überfordert, da sie auf diese Art der Mitarbeitergespräche nie vorbereitet wurden. Es fehlt Ihnen sowohl an theoretischem Wissen als auch an praktischen Erfahrungen im Umgang mit

Kündigungsgesprächen. (2) Die Folge ist, dass Kündigungen auf unterschiedlichsten und meist unprofessionellen Wegen ausgesprochen werden: (2), (3)

- Mitarbeiter erfahren per mail von ihrer Kündigung
- Kündigungen werden vor dem Urlaub, Feiertagen oder Wochenenden ausgesprochen
- Die direkte Führungskraft überlässt die Kündigung der Personalabteilung oder übergeordneten Führungskräften
- Mitarbeiter werden zu Essensterminen eingeladen, die in einem Kündigungsgespräch enden
- Mitarbeiter erfahren via Unternehmens-TV über die Kündigungen
- Führungskräfte gehen unvorbereitet in die Gespräche
- Beim Gespräch wird zunächst über ganz andere Themen gesprochen bis endlich das Wort Kündigung ausgesprochen wird

Rahmenbedingungen für ein professionelles Trennungsgespräch

Folgende Rahmenbedingungen sollten bei jedem

Trennungsgespräch eingehalten werden.

- Die direkte Führungskraft soll das Trennungsgespräch führen
- Das Kündigungsgespräch in einem nicht einsehbaren Raum durchführen
- Termin mit dem Mitarbeiter vereinbaren
- Keine Gespräche vor Feiertagen, dem Wochenende oder Urlaub des Mitarbeiters
- Die Führungskraft sollte die Tage danach auch erreichbar sein
- Die Führungskraft muss sich im Vorfeld ein Bild über den Mitarbeiter machen (Familienstand, Kinder, Schwerbehinderung, Firmenzugehörigkeit, etc.)
- Unerfahrene Führungskräfte sollten sich im Vorfeld bei erfahrenen Kollegen oder der Personalabteilung informieren
- Keine Störungen während des Gespräches
- Strukturierter Gesprächsablauf

Ablauf des Kündigungsgespräches

Das Kündigungsgespräch sollte einer Struktur unterliegen über die sich die Führungskräfte im Vorfeld Gedanken machen müssen. (1), (2), (6), (7)

- Keine einleitenden Floskeln und persönliche Fragen

und damit den Grund des Gespräches hinauszuschieben
- Im Gespräch gleich in den ersten fünf Sätzen auf den Punkt kommen und das Wort Kündigung oder Trennung aussprechen
- Keinen Zweifel an der Entscheidung lassen und nicht rechtfertigen
- Keine Diskussionen über andere betroffene Kollegen
- Auf unterschiedliche Reaktionen des betroffenen Mitarbeiters gefasst sein und diese auch bis zu einem bestimmten Grad zulassen
- Ruhig bleiben und auf die Signale des Mitarbeiters achten
- Den Mitarbeiter nicht mit sachlichen Themen überschütten zu Abfindung, Aufhebungsvertrag, etc.
- Das erste Gespräch nach kurzer Zeit beenden, um dem Mitarbeiter Zeit zu geben das gerade erfahrene zu verarbeiten
- Einen zeitnahen Folgetermin vereinbaren
- Nach individueller Situation dem Mitarbeiter vorschlagen sich mit Betriebsrat, Sozialberatung, etc. in Verbindung zu setzen

Umgang mit im Unternehmen verbleibenden Mitarbeitern

Bei Entlassungen stehen immer die Mitarbeiter im

Mittelpunkt, die von der Kündigung betroffen sind. Dabei wird vergessen, dass auch die Survivor, die überlebenden Kollegen, die im Unternehmen verbleiben Informationen und Unterstützung benötigen. (4) Meistens kümmert sich keiner um sie. Vielmehr herrscht die Meinung, dass diese Mitarbeiter motiviert und froh sind von der Kündigung verschont geblieben zu sein. Diese Meinung trifft in der Regel nicht zu. Die Mitarbeiter sind durch monatelange Gerüchte, eine fehlende Informations- und Kommunikationspolitik oder fehlende Perspektiven oftmals weiter verunsichert. Wer kann Ihnen garantieren, dass die nächste Kündigungswelle nicht kurz bevor steht? Die Aufgabe der Führungskräfte ist es, gerade diese Mitarbeiter, die das Unternehmen in Zukunft voranbringen sollen aufzufangen und wieder zu motivieren. Folgende Maßnahmen können hierzu beitragen:

- Aufarbeitung und ehrlicher Umgang mit dem Erlebten
- Führungskraft ist Vorbild durch die eigene Motivation, ihren Enthusiasmus und Optimismus
- Aufbruchstimmung wecken
- Aussagen über die Vision und Zukunft des Unternehmens tätigen
- Durchführung von Workshops und Teambuilding-Veranstaltungen, um das Vertrauen wieder zu gewinnen und die Motivation zu steigern

- Bilaterale Gespräche mit verunsicherten Mitarbeitern führen
- Kontinuierliches Performance-Management, damit jeder zeitnah weiß wie seine Leistung gesehen wird

Offene und latente Kosten einer Restrukturierung

Unprofessionell durchgeführte Restrukturierungen und Kündigungen können einen erheblichen finanziellen Aufwand verursachen. (5)

- Kosten für die Abfindungen der gekündigten Mitarbeiter
- Kosten für Outplacement-Beratungen
- Kosten für Rechtsstreitigkeiten
- Aufwendungen für lange Managementbesprechungen und Verhandlungen mit den Mitarbeitern
- Aufwendungen für die Bindung von Kapazitäten von HR-Mitarbeitern, Führungskräften, Betriebsräten, etc.
- Reduzierung der Produktivität durch verunsicherte Mitarbeiter
- Höhere Rekrutierungskosten für die Nachbesetzung von Leistungsträgern die das Unternehmen aufgrund der Unsicherheit freiwillig verlassen

- Wegfall von Aufträgen potentieller Kunden durch negative Schlagzeilen
- Zusätzliche Ausgaben für Marketing, um den Imageschaden wieder zu beheben

Hieraus lässt sich schnell erkennen, dass hau-ruck-Entscheidungen und ein unprofessionelles Trennungsmanagement zu erheblichen Kosten führen können welche das originäre Ziel, die Kosten des Unternehmens zu reduzieren, konterkarieren.

Potentielle Partner bei der Trennung von Mitarbeitern

Neben den Personalabteilungen gibt es eine Reihe weiterer Partner, die einen wesentlichen Teil zu einer sozialverträglichen Kündigung beitragen können. Unter den firmeninternen Ansprechpartnern werden z. B. die Sozialberatung und der Betriebsrat oftmals in die Gespräche mit einbezogen. (1)

Langsam gehen Immer mehr Firmen dazu über, sich auch externe Hilfe und Unterstützung einzukaufen. So werden z. B. im Vorfeld immer öfter externe Weiterbildungsanbieter beauftragt, den betroffenen Führungskräften in Workshops theoretisch und praktisch Wissen im Zusammenhang mit

Trennungsgesprächen zu vermittelt. (5) Outplacement-Berater sind die zweite Branche, die von Unternehmen bei Restrukturierungen mit einbezogen werden. (3) Zum Teil werden diese Spezialisten bereits sehr früh bei einer bevorstehenden Restrukturierung beauftragt, den ganzen Trennungsprozess zu begleiten oder ihn sogar zu beschreiben. Die Berater erstellen entsprechende Projektpläne mit den dazugehörenden Ablaufplänen, Zeitachsen und Kommunikationsplänen. (1) In anderen Fällen kommen Outplacement-Berater erst nach der Kündigung oder dem unterschriebenen Aufhebungsvertrag zum Einsatz. Dann unterstützen sie die betroffenen Mitarbeiter bei deren Neuorientierung und der Suche nach einer neuen Tätigkeit. (2),

Fallbeispiele

Ein baden-württembergisches Unternehmen musste sich 2003 von 15 Prozent ihrer Mitarbeiter trennen. Hierfür hat das Unternehmen eine Outplacement-Beratung beauftragt. Die Beratung hatte den Auftrag, den Trennungsprozess fair zu gestalten und die Entlassenen bei deren Neuorientierung zu begleiten.

(1)

Eine junge Führungskraft bei Olivetti wurde 1991 mit der Situation konfrontiert, zwei von sieben Mitarbeitern kündigen zu müssen. Die Führungskraft verbrachte viele Wochen damit die Entscheidung zu treffen, hinter der er auch stehen konnte. Auch wenn er theoretische Informationen zur Führung von Kündigungsgesprächen erhalten hat, so konnte ihm keiner die praktische Erfahrung abnehmen. (2) Nach diesen Gesprächen hat er sich intensiv um die verbleibenden Mitarbeiter gekümmert, um deren Vertrauen wieder zu gewinnen und die Arbeitsleistung wieder zu steigern.

Das Verhalten bei Kündigungen ist international sehr unterschiedlich. In den USA gibt es in dieser Hinsicht keine Trennungskultur sondern eine hire und fire Mentalität. In Japan hingegen gibt es keine Kündigungen an sich. Durch Signale und Gesten wird dem Mitarbeiter zu verstehen gegeben, dass er nicht mehr erwünscht ist und die Kündigung einzureichen hat. Reagiert der betroffene Mitarbeiter darauf nicht, so wird dieser von der Gemeinschaft ausgegrenzt bis er doch freiwillig geht.

Weiterführende Literatur

(1) O.V., Entlassungen unter professioneller Regie. Wenn Unternehmen gekündigten Mitarbeitern helfen, neue Arbeitsplätze zu finden, dann tun sie dies aus Eigennutz. Zum Beipiel, um den Betriebsfrieden zu wahren und Kündigungsprozesse zu vermeiden. Aber auch die Gekündigten können davon profitieren, DVZ, Nr. 149, 16.12.2004
aus Frankfurter Rundschau v. 09.11.2004, S.23, Ausgabe: S Stadt

(2) Existenzfragen
aus brand eins, Heft 10/2004, S. 88-91

(3) Trennungskultur in Unternehmen beginnt lange vor der Kündigung Kündigung II: Betriebspsychologin sieht offene Worte als wichtigstes Element
aus WirtschaftsBlatt, 22.01.2005, Nr. 2287, S. 138

(4) Zur Sache
aus Frankfurter Allgemeine Zeitung, 08.01.2005, Nr. 6, S. 53

(5) Kündigungsgesprächmacht Chefs Angst Abschied: Mitarbeiter werden via Fax, Mail oder sogar über Video-Aufzeichnungen verabschiedet: Österreichs Manager wollen Kündigungen lieber heimlich und rasch über die Bühne bringen - das schadet aber dem Unternehmen
aus WirtschaftsBlatt, 15.01.2005, Nr. 2282, S. 114,15

(6) Bei Schock und Aggression heisst es für Chefs: Nerven bewahren Kündigungsgespräch

aus WirtschaftsBlatt, 15.01.2005, Nr. 2282, S. 114

(7) Anständige Trennung hat viel mit Kultur zu tun
aus Frankfurter Allgemeine Zeitung, 19.06.2004, Nr. 140, S. 55

Impressum

Trennungskultur in deutschen Unternehmen

Bibliografische Information der deutschen Nationalbibliothek

Die Deutsche Nationalbibliothek verzeichnet diese Publikation in der deutschen Nationalbibliografie; detaillierte bibliografische Daten sind im Internet über http://dnb.d-nb.de abrufbar.

ISBN: 978-3-7379-0889-4

© 2015 GBI-Genios Deutsche Wirtschaftsdatenbank GmbH, Freischützstraße 96, 81927 München, www.genios.de

Alle Rechte vorbehalten. Dieses Werk ist einschließlich aller seiner Teile – z.B. Texte, Tabellen und Grafiken - urheberrechtlich geschützt. Jede Verwertung außerhalb der Grenzen des Urheberrechtsgesetzes bedarf der vorherigen Zustimmung des Verlags. Dies gilt insbesondere auch für auszugsweise Nachdrucke, fotomechanische Vervielfältigungen (Fotokopie/Mikroskopie), Übersetzungen, Auswertungen durch Datenbanken oder ähnliche Einrichtungen und die Einspeicherung und Verarbeitung in elektronischen Systemen.